La Constitución de La Obediencia

EL EFECTO JURIDICO CELESTIAL

Apóstol Dr. Mario H. Rivera

&

Pastora Luz Rivera

iv

Para

_____

De

_____

Fecha

_____

v

Índice

INTRODUCCIÓN

A través del escudriñar de la Palabra, en relación al tema de la obediencia, se van descubriendo ángulos importantes que pocas veces se dan a conocer; por ello, nuestra intención al publicar este libro es hacer saber al pueblo de Dios que existe un poder que acompaña a cada mandamiento que sale de la boca de nuestro Dios cuando viene a establecer principios en nuestra vida.

Ese mandamiento trae implícita una orden la cual se habrá de cumplir, pero lo que pocos creyentes saben es que también trae implícita una bendición por causa de haber cumplido la orden propia de ese mandamiento. El obedecer a Dios es mucho mejor que los sacrificios, tal como dice en *1ª. Samuel 15:22* y, sin dejar de hacer una cosa y la otra, vamos a aprender cómo debemos de caminar siendo poseedores de un poder al establecer en nuestras vidas el principio de obediencia.

Muchas veces, por causa del primer pecado en el huerto; la humanidad no trae el dato genético de la obediencia, por lo que es necesario el llegar a Cristo para poder comenzar a alcanzar los beneficios de la salvación. Como parte de ellos comienza una escuela en nuestra vida donde se presentan diferentes materias a cursar. Dentro de la amplia escuela de la vida en Cristo, a través del Espíritu Santo, existe la materia tan importante que es la Obediencia, Si a usted amado lector, le presentaran esta materia con dos métodos: Teórico y por sufrimiento, seguramente se inclinaría por el primero, sin embargo, la Biblia dice en *Hebreos 5:8* que Cristo aprendió obediencia por medio del sufrimiento; y si queremos ser semejantes a Él en todo, como cuerpo místico, seguro debemos pasar también por lo mismo, por lo que pondremos bases fuertes para aprender el método teórico a la luz de la Palabra de Dios.

Veamos juntos paso a paso como ser poseedores de la obediencia, mantenerla, recuperarla y si se ha perdido reconciliarnos, también caminar con una mentalidad militar de obediente, y sobre todo, saber claramente que con cada mandamiento a obedecer hay una bendición de antemano de parte de Dios ya asignada.

CAPÍTULO 1

LOS POSEEDORES DEL PODER DE LA OBEDIENCIA

Laobediencia es uno de los temas que necesitamos entender así como los que se refieren al nuevo nacimiento, los diezmos, la liberación, la resurrección, los cinco ministerios etc. Es decir, que es nuestra responsabilidad valorar la importancia de obedecer y así agradar a nuestro creador. Acerca de los poseedores de la obediencia deseo establecer ángulos muy importantes poca veces explicados o ampliados para valorar los beneficios que alcanza el hombre y mujer que deciden obedecer a Dios.

Tener la intención clara del por qué obedecer es la parte más saludable del pensamiento y del alma de un hijo de Dios, de no ser así se puede pensar que el tema de la obediencia se expone con el único fin de sacar ventaja sobre otras personas. (Si ésta es la posición, denota ignorancia de la verdad acerca de la obediencia). Todos debemos aprender obediencia y para ello mencioné anteriormente que existen dos métodos, uno teórico y otro por el sufrimiento, este último, dice la Biblia, fue el que Cristo experimentó:

Y aunque era Hijo, aprendió obediencia por lo que padeció. *Hebreos 5:8*

TODOS APRENDEMOS OBEDIENCIA

Desde el momento que nuestro Señor Jesucristo, siendo el Hijo y siendo Dios aprendió la obediencia por la vía del sufrimiento, nos hizo partícipes de la misma clase de aprendizaje. En otras palabras, todos los lavados con la sangre de Cristo estamos

5

comprometidos a la escuela del aprendizaje que nuestro Señor tuvo. Soy consciente que la obediencia dentro de la vida cristiana es una de las materias más difíciles de cursar para la mayor parte de creyentes. Muchos han fallado en su intento, sin embargo, la paciencia y la misericordia de Dios han triunfado dando otra oportunidad a sus hijos, esto deja ver que para nuestro Dios es muy importante la obediencia más que cualquier otra cosa, la Biblia dice:

Y Samuel dijo: ¿Se complace el SEÑOR tanto en holocaustos y sacrificios como en la obediencia a la voz del SEÑOR? He aquí, el obedecer es mejor que un sacrificio, y el prestar atención, que la grosura de los carneros. LBA *1 Samuel 15:22*

En este primer capítulo no voy a tratar acerca de que tanto obedece un creyente sino de lo que llega a poseer todo aquel que obedece a Dios. Esta es la razón de titularlo: "Los poseedores del poder de la obediencia"

¿QUÉ ES LA OBEDIENCIA?

Comencemos definiendo la palabra obediencia desde el griego y hebreo: En griego es *Hupakoe* #5218: Obediente, sujeto, uno que se rinde en sumisión, que observa los requerimientos para cumplirlos y uno que sabe escuchar. En hebreo es *Shama* #8085 Que escucha, que oye con atención, que obedece. Según el diccionario Western 1828: Complacencia de una orden, el cumplimiento de lo que se requiere, sumisión apropiada a la autoridad. No significa un servilismo.

LA OBEDIENCIA DEL MANDAMIENTO

Cuando Dios mandó a que se cumplieran sus mandamientos, Él estaba pidiendo que le obedeciéramos. Partiendo de allí obedecer implica: cumplir con una orden, mandato o mandamiento. Un mandato o mandamiento es una constitución que se debe obedecer. Constitución es la sustancia de una cosa.

Creo necesario ampliar el significado de las palabras **mandamiento** y **constitución** para comprender otra palabra íntimamente ligada a ellas, y me refiero al significado de la palabra **sustancia** del mandamiento.

El Mandamiento:

Un mandamiento es una ley expresada; La ley es la instrucción original o del principio, o un estandarte establecido. El mandamiento es la repetición de la instrucción dicha desde antes.

De manera que un mandamiento es la lectura de lo que Dios ya escribió. Son las palabras que Dios habla para repetir lo que ya estableció. Con esto queda muy claro que Dios no está inventando algo nuevo para decirte, sino repitiendo lo que ya estableció desde el principio y desea que sus hijos sean parte de la sustancia. (Constitución)

Constitución:

Constitución es la existencia de una cosa, la sustancia

del mandamiento, la caracterización del mandamiento. Es el establecimiento de las formas de gobierno establecidas o de un estado, reino o país; un sistema de reglas fundamentales, principios y ordenanzas para el gobierno de un estado o nación. Un sistema de principios fundamentales para el gobierno. Por ejemplo: "¡Sé próspero! ¡Sé libre! ¡Sé sano!" Es una orden que se está dando, no una súplica.

Significado:

Que así de inmediato se obedece a lo que Dios manda, así de inmediato es colocado el creyente en la sustancia que tiene el mandato o mandamiento, es decir, que somos colocados inmediatamente en la bendición que acompaña a toda orden que Dios nos da.

Ejemplo:

Según *Deuteronomio 28*, la sustancia del mandamiento es todo lo que se recibe al obedecer y cumplir los mandamientos que Dios nos da:

Y sucederá que si obedeces diligentemente al SEÑOR tu Dios, cuidando de cumplir todos sus mandamientos que yo te mando hoy, el SEÑOR tu Dios te pondrá en alto sobre todas las naciones de la tierra. ² Y todas estas bendiciones vendrán sobre ti y te alcanzarán, si obedeces al SEÑOR tu Dios: ³ Bendito serás en la ciudad, y bendito serás en el campo. ⁴ Bendito el fruto de tu vientre, el producto de tu suelo, el fruto de tu ganado, el aumento de tus vacas y las crías de tus ovejas. ⁵ Benditas serán tu canasta y tu artesa. ⁶ Bendito serás cuando entres, y bendito serás cuando salgas. ⁷ El SEÑOR hará que los enemigos que se levanten contra ti sean derrotados delante de ti; saldrán contra ti por un camino y huirán delante de ti por siete caminos. Deuteronomio 28:1-14

LA BENDICIÓN ESTÁ EN EL MANDAMIENTO

Todo mandamiento de Dios tiene la bendición de Él, ningún mandamiento que sale de la boca del Padre viene sin bendiciones, están integradas al mismo. Por eso Dios quiere que entremos al **mandamiento** para encontrar la **sustancia** que es la bendición y la **llave** se llama **obediencia**.

Otro pasaje que nos permite ver las bendiciones que acompañan los mandamientos, orden u ordenanza de Dios para nuestra vida, es la siguiente:

21 Y pondrás el propiciatorio encima del arca, y en el arca pondrás el testimonio que yo te daré. 22 Allí me encontraré contigo, y de sobre el propiciatorio, de entre los dos querubines que están sobre el arca del testimonio, te hablaré acerca de todo lo que he de darte por mandamiento para los hijos de Israel. Éxodo 25:21-22

Todo es dado al obedecer el mandamiento, en otras palabras, el creyente es cubierto por esa constitución. (Mandato). El mismo mandato pone como un vallado de protección alrededor del hijo que obedece. El creyente es levantado por esa constitución y recibe todo lo que está declarado en ella. Lo que Dios busca en cada uno de nosotros, es que aprendamos a obedecerle y de esa manera se rompan los límites en nuestra vida causados por la desobediencia.

La Obediencia y El Mandamiento

Entender el poder de la obediencia es muy glorioso porque implica quitar los límites del tiempo y el espacio. La razón porque Dios trae **junta** la obediencia con el mandamiento, es porque nosotros batallamos con el tiempo y el espacio y Él no.

Al Obedecer:

Todo hijo que obedece entra en el tiempo y en la palabra que Dios declaró, antes de nuestro arribo, es decir, cuando Él dio el mandamiento para nuestra vida en la **pre**-existencia y cuando eso sucede se rompen los límites del tiempo porque es como si Él lo dijera por primera vez.

Cuando Dios dio la palabra fue en el Espíritu. Al hablar en su Espíritu lo hizo en otra dimensión la cual es y fue fuera de nuestro tiempo.

Por lo tanto, la obediencia es la llave para entrar a ese **tiempo** y a esa **dimensión** donde está la **sustancia** del mandamiento. Todo aquel que responde en obediencia **entrará** al mandato y llegará hasta la **sustancia** y a lo que contiene dentro:

¹⁰ si obedeces a la voz del SEÑOR tu Dios, guardando sus mandamientos y sus estatutos que están escritos en este libro de la ley, y si te vuelves al SEÑOR tu Dios con todo tu corazón y con toda tu alma. ¹¹ Este mandamiento que yo te ordeno hoy no es muy difícil para ti, ni fuera de tu alcance. *¹² No está en el cielo, para que digas: "¿Quién subirá por nosotros al cielo para traérnoslo y hacérnoslo oír a fin de que lo guardemos?" ¹³ Ni está más allá del mar, para que digas: "¿Quién cruzará el mar por nosotros para traérnoslo y para hacérnoslo oír, a fin de que lo guardemos?" ¹⁴ Pues la palabra está muy cerca de ti, en tu boca y en tu corazón, para que la guardes. ¹⁵ Mira, yo he puesto hoy delante de ti la vida y el bien, la muerte y el mal; ¹⁶ pues te ordeno hoy amar al SEÑOR tu Dios, andar en sus caminos y guardar sus mandamientos, sus estatutos y sus juicios, para que vivas y te multipliques, a fin de que el SEÑOR tu Dios te bendiga en la tierra que vas a entrar para poseerla. En resumen, el que responde en obediencia a la orden de Dios respecto a su vida o propósito, rompe todo los límites del tiempo y espacio. Deuteronomio 30:10-16*

En resumen, el que responde en obediencia a la orden de Dios respecto a su vida o propósito, rompe todo los límites del tiempo y espacio.

LAS LIMITACIONES

Para Dios no hay límites, sin embargo, existen cosas que son responsabilidad del hombre y de la mujer las cuales deben de responder para no entrar en los límites, es decir, que el mismo hijo de Dios no sea el que lo limite a Él por causa de la desobediencia. Cuando el hombre no le obedece le pone límites a Dios, este principio opera como la fe. (Aunque Dios no tiene problemas) recordemos que la Biblia nos deja ver que la falta de nuestra fe limita a Dios, porque sin fe es imposible agradarlo:

Y sin fe es imposible agradar a Dios; porque es necesario que el que se acerca a Dios crea que Él existe, y que es remunerador de los que le buscan. Hebreos 11:6

Otra cosa que nos limita es el pensamiento nuestro, es decir, que cada uno puede poner límites en su mentalidad, eso también limita a Dios en nuestra vida porque nunca hará algo en cada uno sino lo creemos en nuestro corazón y lo aceptamos en nuestra mente. Así es la desobediencia del hijo que coloca sus propias limitaciones en su vida. Lo que nos limita hay que quitarlo obedeciendo, de esto habló Isaías:

Ensancha el lugar de tu tienda, extiende las cortinas de tus moradas, no escatimes; alarga tus cuerdas, y refuerza tus estacas. Isaías 54:2

Romper con las cortinas de tu tienda es romper las limitaciones de tu mente. Si no se rompen. Aunque Dios quiera y desee bendecirnos, nuestra mentalidad lo limita a Él, aunque para Él no hay límites.

LA FUENTE DE LA OBEDIENCIA

Cuando se han roto las cortinas de los limites por medio de la obediencia, esta se vuelve **fuente** de obediencia que beneficiara a otros con ella: *8 y aunque era Hijo, aprendió obediencia por lo que padeció; 9 y habiendo sido hecho perfecto, vino a ser fuente de eterna* *salvación para todos los que le obedecen, Hebreos 5:8-9*

En el reino de Dios usted POSEE solo después de RECIBIR.

En el Reino de Dios hay ciertas bendiciones que se reciben en la obediencia, por ejemplo, en la Biblia hay hombres y mujeres de Dios que fueron fuente de bendición y solo podían dar lo que tenían. Elías poseía un poder y por eso podía dar del mismo, Josué fue poseedor de tierras y antes de morir las dividió y las dio en herencia a diferentes tribus.

La Producción de la Obediencia:

La obediencia puede llegar a producir de acuerdo a lo que se obedece. Cuando tu recibes bendición por causa de la obediencia, en ese momento produces tu unción, es decir, te **ungen**. (Produces la unción) Esa unción afectara positivamente a la gente que te rodea. Cuando tu produces la **unción** de tu obediencia, esa unción que está en ti, viene a ser tu **gracia**. Esa unción de Gracia en ti, viene a convertirse en la **autoridad** de la obediencia en tu vida. Al tener la **gracia** de la obediencia en tu vida, no solo tienes la **autoridad** de la obediencia, sino que puedes dar de esa gracia por causa de la autoridad, es decir, estás autorizado. *...de gracia recibisteis, dad de gracia. Mateo 10:8*

El Dador de Bendición:

Cuando alguien camina en obediencia tiene el poder para impartir, eso significa que, si alguien se encuentra atado en su vida de algún mal, el **poseedor** de la bendición de la obediencia tiene el poder para romper las ataduras e impartir la bendición de la obediencia que hay en él.

¹⁹ Porque la noticia de vuestra obediencia se ha extendido a todos; por tanto, me regocijo por vosotros, pero quiero que seáis sabios para lo bueno e inocentes para lo malo. ²⁰ Y el Dios de paz aplastará pronto a Satanás debajo de vuestros pies. La gracia de nuestro Señor Jesucristo sea con vosotros.
Romanos 16:19

Los Receptores del Poseedor de la Bendición:

El receptor recibe la sustancia de **tú** obediencia. Nuestra obediencia puede ser impartida porque es una unción. Porque en **tú** obediencia, tu crearás tu **unción**. En lo que tu obedeces, vienes a tener **autoridad**. En lo que obedeces y llegas a tener autoridad ahí estará **tu dominio**.

El Dominio de la Obediencia:

Eso significa que un obediente está bajo la dimensión del favor de Dios y tiene la habilidad y puede exponer el dominio de la obediencia y la imparte a otros. Ese dominio de obediencia opera de la siguiente manera: Romperás ataduras y bendecirás a otros que seguirán los pasos de la obediencia. Vienes a ser poseedor de obediencia para dar a otros obediencia y a la medida que das sigues recibiendo bendiciones de tu obediencia.

La Ruta de la Obediencia:

Cuando obedeces te bendicen y esa bendición produce tu unción La unción te da la **gracia** y esa gracia te da la autoridad Con esa autoridad puedes impartir bendición y liberar a otros. Alcanzar todo eso se llama tu **dominio**.

Todo esto es lo que significa ser poseedores de la obediencia, muchos hijos de Dios han perdido muchas bendiciones por no comprender el valor que tiene delante de Dios el hombre y mujer que establecen en su corazón y mente la obediencia, sin embargo, en este momento tu puedes pedirle a Dios te conceda otra oportunidad y comenzar de nuevo en tu vida, obedeciéndole y recibiendo los beneficios de la obediencia.

CAPÍTULO 2

LA RECUPERACIÓN DE LA OBEDIENCIA

Cuando Jesús vino a la tierra no trajo con Él la obediencia por ser Hijo de Dios y por ser Dios como para **no** admirarnos de su mentalidad de honor y obediencia, la Biblia dice que Él aprendió obediencia por medio del sufrimiento.

Y aunque era Hijo, aprendió obediencia por lo que padeció.
Hebreos 5:8

La obediencia se aprende por dos vías o métodos:

1- La teoría / educación
2- La experiencia del sufrimiento.

El apóstol Pablo antes de la experiencia "Camino a Damasco", cuando era Saulo de Tarso, tenía obediencia en la forma teórica, es decir, obediencia por educación. Dios tuvo que hacerlo sufrir para que aprendiera obediencia de la manera que aprendió nuestro Señor.

Yo le mostraré todo lo que tendrá que sufrir por mi Nombre." Hechos 9:16:

El verdadero significado de la obediencia:

Dios anhela que entendamos y recuperemos el verdadero significado del poder de la obediencia. Éste se recupera no por lo mucho que se sufre pero si por lo mucho que se **aprende** en el sufrimiento.

LA FUENTE DE LA OBEDIENCIA

En el capítulo anterior expliqué lo que puede llegar a poseer el hijo de Dios cuando decide obedecerle, ahora tocare otro ángulo muy importante de la obediencia que nos ayudará a recuperarla. "La recuperación de la obediencia".

[22] *Y Samuel dijo: ¿Se complace el SEÑOR tanto en holocaustos y sacrificios como en la obediencia a la voz del SEÑOR? He aquí, el obedecer es mejor que un sacrificio, y el prestar atención, que la grosura de los carneros. 23 Porque la rebelión es como pecado de adivinación, y la desobediencia, como iniquidad e idolatría. Por cuanto has desechado la palabra del SEÑOR, Él también te ha desechado para que no seas rey.* [24] *Entonces Saúl dijo a Samuel: He pecado; en verdad he quebrantado el mandamiento del SEÑOR y tus palabras, porque temí al pueblo y escuché su voz. 1ª. Samuel 15:22-24:*

LOS PERDEDORES DE LA SUSTANCIA DEL MANDAMIENTO

De los personajes bíblicos que podría mencionar que **desobedecieron** el **mandamiento** y experimentaron la perdida de la **sustancia** del mandamiento son varios pero citare dos solamente: Adán y Saúl. Ambos perdieron un **poder** que Dios les había otorgado para gobernar sus ambientes o esferas. (La desobediencia conduce a perder el poder y la obediencia te rodea de bendición). En nuestros días muchos líderes de empresas, gobiernos, hogares o aun en la iglesia, creen que basta la inteligencia para desarrollar un gobierno efectivo y agradable a Dios, sin embargo, es necesario saber que nunca ha sido la intención de Dios que como prioridad se **gobierne** con el poder de la **inteligencia**.

Si no con el **poder** de la **obediencia**, lo demás como la inteligencia es **sustancia** del mandamiento.

El temor del SEÑOR es el principio de la sabiduría; los necios desprecian la sabiduría y la instrucción. Proverbios 1:7:w

✓ Temor al Señor es sinónimo de obedecer.

La desobediencia:

La primera que sufre el efecto de la desobediencia es el alma del hombre y la mujer. El alma pierde el poder que tiene (o ha estado recibiendo en la restauración) para **gobernar**, o ejercer dominio.

Adán:

Adán perdió el poder que poseía en el huerto cuando desobedeció, tan profundo es esto que ni los ángeles se volvieron a sujetar a él. Las Escrituras dicen que Dios colocó un guardián a la entrada del Edén para impedirle el acceso nuevamente al huerto después de su expulsión, entiendo que antes de la caída, Adán ordenaba aun a las huestes angelicales y éstas le obedecían, recordemos que él era el señor de la tierra asigna- do por Dios.

Y plasmó Dios al hombre, polvo de la tierra. E inspiró en su faz soplo de vida, y vino a ser el hombre en alma viviente. ^SEJ *Génesis 2:7:*

✓ Como alma viviente era capaz de **gobernar** tres dimensiones, aire, tierra y mar.

21

Entonces dijo Dios: Hagamos al hombre a nuestra imagen, conforme a nuestra semejanza; y señoree en los peces del mar, en las aves de los cielos, en las bestias, en toda la tierra, y en todo animal que se arrastra sobre la tierra. ᴿ⁶⁰
Génesis 1:26

✓ El disfrute final de la verdadera obediencia es el ejercicio efectivo de la autoridad, no se puede conocer la verdadera autoridad sin la obediencia.

LOS TRES PODERES EN EL PLANO ESPIRITUAL

Original y legalmente la intención de Dios era que fluyeran dos poderes. Uno más surgió de manera negativa siendo así que en la tierra se definen muchas cosas por medio de tres poderes: El poder divino, en primer lugar, el poder del alma, (este era el más grande poder legítimo después del divino), y el poder de Satanás (este es en rebelión, lo ejerce ilegalmente usando los derechos de la desobediencia).

El poder del alma viviente:

Aquí nos referimos a algo muy importante que explicaré más adelante, y es la diferencia que hay en el **poder** del Espíritu y el poder del alma. Es tan importante entender el significado del alma viviente de Adán, lo cual es mencionado por el apóstol Pablo en referencia a Génesis.

*Así también está escrito: El primer **hombre**, Adán, **fue hecho alma viviente**, El último Adán, espíritu que da vida.* ᴸᴮᴬ *1ª. Corintios 15:45*

El poder del alma de Adán implicaba personalidad superior sobre todo ser viviente, representaba personalidad única, fuerte y poderosa, el **único** poder legítimo en la tierra para obedecerle después de Dios, y la **autoridad** del alma de Adán significaba que todas las criaturas **debían** obedecer al poder del alma de Adán.

Le preguntó Dios: --¿Quién te dijo que estabas desnudo? ¿Acaso has comido del árbol del que te mandé que no comieses? [RVA] *Génesis 3:11*

Con el sudor de tu rostro comerás el pan hasta que vuelvas a la tierra, porque de ella fuiste tomado; pues polvo eres, y al polvo volverás. [R60] *Génesis 3:19*

Repitiendo: Cuando se desobedece, se pierde el poder del alma, es decir, la **autoridad** y por eso Dios anhela que la recuperemos.

El orden original de la transmisión del mandamiento es:

1. El Espíritu de Dios da el mandamiento al espíritu humano.
2. El espíritu humano da el mandato al alma, le ordena o da el mandamiento.
3. El alma que obedece el mandamiento tiene el poder para ejercer la autoridad porque es respaldada por la sustancia del mandamiento.

La obediencia transciende muchas cosas aun a la perfección, recordemos que Adán y Cristo eran perfectos y pasaron por la prueba de la **obediencia**. La obediencia no puede ser sustituida por nada, ni por los sacrificios, ni por las obras, ni por la inteligencia. Aunque Adán era perfecto, así como Cristo lo era, ambos fueron sometidos a la prueba de la obediencia, Adán falló, Cristo venció.

LA OBEDIENCIA NO TIENE SUSTITUCIÓN

Nada puede sustituir a la obediencia, esta ocupa un lugar de honor por eso el que obedece el mandamiento está demostrando la mentalidad de honor que posee. La obediencia está sobre la belleza física, sobre la elocuencia y sobre la ética.

Y Samuel dijo: ¿Se complace el SEÑOR tanto en holocaustos y sacrificios como en la obediencia a la voz del SEÑOR? He aquí, el obedecer es mejor que un sacrificio, y el prestar atención, que la grosura de los carneros. 1ª. Samuel 15:22:

En los sacrificios:

Porque ni los sacrificios son mejor que la obediencia, aunque fue Dios mismo quien los instituyó, ¿Por qué los holocaustos no pueden sustituir a la obediencia?

1. Todos los sacrificios que nosotros hacemos en la vida y en la obra de Dios llevan nuestros propios elementos.
2. Tu propia voluntad, es decir, tus propios gustos.
3. Tus propios esfuerzos, tus propios recursos.
4. Tu tiempo, tus propios deseos, etc.

Y lo haces porque en resumen tu sabes que es para tu propio beneficio.

La obediencia es mejor

Por eso es mejor obedecer porque implica poner el deseo de Dios en lo más alto para complacerlo.

1. La obediencia es un honor absoluto delante de Dios
2. Es colocar la voluntad de Dios en el centro de tu vida.
3. Es la más alta expresión de honor que haces a Dios.

LA RECUPERACIÓN DE LA OBEDIENCIA

Cuando la obediencia se restaura, se recupera la **autoridad** y tu autoridad es respaldada por la sustancia del mandato que se está obedeciendo.

⁷ Solamente sé fuerte y muy valiente; cuídate de cumplir toda la ley que Moisés mi siervo te mandó; no te desvíes de ella ni a la derecha ni a la izquierda, para que tengas éxito dondequiera que vayas. ⁸ Este libro de la ley no se apartará de tu boca, sino que meditarás en él día y noche, para que cuides de hacer todo lo que en él está escrito; porque entonces harás prosperar tu camino y tendrás éxito. ⁹ ¿No te lo he ordenado yo? ¡Sé fuerte y valiente! No temas ni te acobardes, porque el SEÑOR tu Dios estará contigo dondequiera que vayas. Josué 1:7-9

Nadie te podrá hacer frente en todos los días de tu vida. Así como estuve con Moisés, estaré contigo; no te dejaré ni te abandonaré. Josué 1:5

Cuando la obediencia se vuelve a establecer en nuestra mente (Alma) se recupera la autoridad. (la mentalidad de honor) y Dios te rodea de la sustancia del mandamiento, te cubre con ella, te respalda y pelea con ella a favor de tu vida.

Pero si en verdad obedeces su voz y haces todo lo que yo digo, entonces seré enemigo de tus enemigos y adversario de tus adversarios. Éxodo 23:22:

[7] El SEÑOR hará que los enemigos que se levanten contra ti sean derrotados delante de ti; saldrán contra ti por un camino y huirán delante de ti por siete caminos. [8] El SEÑOR mandará que la bendición sea contigo en tus graneros y en todo aquello en que pongas tu mano, y te bendecirá en la tierra que el SEÑOR tu Dios te da. [9] Te establecerá el SEÑOR como pueblo santo para sí, como te juró, si guardas los mandamientos del SEÑOR tu Dios y andas en sus caminos. [10] Entonces verán todos los pueblos de la tierra que sobre ti es invocado el nombre del SEÑOR; y te temerán. Deuteronomio 28:7-10

Definición de la obediencia y desobediencia:

1. Desobediencia en Griego es #3876 *parakoe* Significa: oír erradamente, o perder lo que oíste.
2. Obediencia en Griego es *Hupakoe* #5218: obediente, sujeto, uno que se rinde en sumisión, que observa los requerimientos para cumplirlos y uno que sabe escuchar.

3. En Hebreo es *Shama* #8085: que escucha, que oye con atención

La ruta de la obediencia:

1. Cuando obedeces te bendicen con la sustancia del mandamiento.
2. Esa bendición produce tu unción, te vuelves el creador de ella.
3. La unción te da la **gracia**, la gracia es **tu fuerza**.
4. Esa gracia te da la autoridad
5. Con esa autoridad puedes impartir bendición y liberar a otros.
6. Alcanzar todo eso se llama tu **dominio**, dominas en la misma naturaleza de la obediencia.

La obediencia es la llave para **entrar** al mandamiento y llegar hasta la sustancia que contiene el mandamiento y, al lograrlo, entras al **tiempo** y a la **dimensión** donde se originó el mandamiento.

Importante: Donde el Espíritu de Dios dio el mandamiento, ahí mismo se dio la bendición para el obediente, recordemos que el mandamiento nunca sale de la boca del Padre sin bendiciones, la bendición está integrada al mandamiento.

Donde el Espíritu de Dios dio el mandamiento, ahí mismo se dio la bendición para el obediente, recordemos que el mandamiento nunca sale de la boca del Padre sin bendiciones, la bendición está integrada al mandamiento.

La mentalidad de obediencia

Es una actitud que permanece en el creyente, es el establecimiento mental de honor hacia Dios como máxima expresión, es uno que ha decido vivir en obediencia para Dios y que logra tener el respaldo de Dios a favor de su vida. El ejemplo del respaldo lo podemos apreciar en la vida de nuestro Señor Jesús.

Los hombres se maravillaron y decían: --¿Qué clase de hombre es éste, que hasta los vientos y el mar le obedecen? RVA *Mateo 8:27*

Todos se maravillaron, de modo que discutían entre sí diciendo: --¿Qué es esto? ¡Una nueva doctrina con autoridad! Aun a los espíritus inmundos él manda, y le obedecen. El respaldo de Dios a nuestra vida es un asunto que cada uno de nosotros decide en el ejercicio o no de la obediencia. RVA *Marcos 1:27*

Porque como por la desobediencia de un solo hombre, muchos fueron constituidos pecadores, así también, por la obediencia de uno, muchos serán constituidos justos. RVA *Romanos 5:19*

Cuando desobedeces:

1. 1.Pierdes la autoridad sobre tu vida.
2. 2.Pierdes la autoridad en el lugar donde debes ejercerla.
3. Pierdes la autoridad en tu casa.
4. Pierdes la autoridad en el mundo espiritual, ni

demonios, ni ángeles, ni potestades obedecen a tu autoridad.

Dios te está dando la oportunidad para que recuperes tu autoridad, renunciando a la desobediencia y haciendo un pacto con Dios para obedecer y vivir todos los días con el deseo de cumplir su voluntad.

.

CAPÍTULO 3

LA MENTALIDAD MILITAR DE LA OBEDIENCIA

En este tercer capítulo me enfocaré en explicar de la mentalidad de un obediente, esto ayudará a entender cuál debe de ser la actitud del creyente que anhela recuperar la obediencia hacia Dios para que su vida sea totalmente bendecida. Creo con todo mi corazón que la **actitud** de una persona que se esfuerza para recuperar la obediencia es digna de mencionar, porque es una decisión que se toma personalmente y eso implica el establecer en nuestra mente la decisión. Es decir, no basta solo con que oremos y pidamos que Dios nos ayude a obedecerle, ni significa que nos de la obediencia como un **don**, sino que es un asunto que cada uno de nosotros debe decidir, es personal y mental. La obediencia es un **principio** fundamental de Dios por causa de sus mandamientos.

Los mandamientos:

Un mandamiento es la impartición de la instrucción de la bendición. (Recordar *Deuteronomio 2:1-14*)

Dios espera que obedezcamos el mandamiento para que recibamos la impartición de la bendición que está en la sustancia del mandamiento, el cual no trae mucha instrucción; es decir, (explicación) solo se te dice no hagas o haz esto o aquello. Es como a un militar a quien se le enseña que "la orden no se discute solo se obedece". Sin embargo, el mandamiento **imparte** la instrucción de la bendición. La obediencia requiere una mentalidad de militar, veamos el pasaje base que usaremos para esta enseñanza.

Porque yo también soy hombre puesto bajo autoridad y

tengo soldados bajo mi mando. Y digo a éste: "Ve", y él va; digo al otro: "Ven", y él viene; y digo a mi siervo: "Haz esto", y él lo hace. ^{RVA} Lucas 7:8

Yo estoy acostumbrado a dar órdenes y a obedecerlas. Cuando le digo a uno de mis soldados: "¡Ve!", me obedece y va. Si le digo a otro: "¡Ven!", me obedece y viene. Y si le digo a uno de mis sirvientes: "¡Haz esto!", lo hace". ^{BLS} Lucas 7:8

Porque yo -que no soy más que un oficial subalterno, pero tengo soldados a mis órdenes- cuando digo a uno: "Ve", él va; y a otro: "Ven", él viene; y cuando digo a mi sirviente: "¡Tienes que hacer esto!", él lo hace". ^{BPD} Lucas 7:8

Porque yo mismo estoy bajo órdenes superiores, y a la vez tengo soldados bajo mi mando. Cuando le digo a uno de ellos que vaya, va; cuando le digo a otro que venga, viene; y cuando mando a mi criado que haga algo, lo hace." ^{DHH} Lucas 7:8:

Considerando otros pasajes de la Biblia que hablan acerca del problema de **no** obedecer a Dios, como *1ª. Samuel 15:22-24*, podemos llegar a la conclusión de lo siguiente:

- ✓ La desobediencia es considerada una acto de **rebelión**.
- ✓ La desobediencia es, por lo tanto, un **pecado**.
- ✓ La desobediencia destruye el poder del **alma**, el cual es la habilidad del alma.

LA PÉRDIDA DEL PODER DEL ALMA

Cuando Dios le dio al primer Adán una alma viviente, en ese momento le estaba dando la naturaleza del poder que ejercería en la tierra. Dios dotó al hombre Adán de poder y sentidos especiales muy superiores a los que tenemos y conocemos hoy día, con el propósito que pudiera comunicarse con la creación que se le había encomendado y ejerciera dominio sobre ella.

Y plasmó Dios al hombre, polvo de la tierra. E inspiró en su faz soplo de vida, y vino a ser el hombre en alma viviente. ^SEJ *Génesis 2:7*

Cuando el alma pierde su poder entrará en decadencia. Porque ya no hay más **autoridad** en ella. La pérdida del poder del alma resulta en que al hombre le fueron escondidos los poderes originales que tenía en su alma desde un principio y vino a ser un simple mortal.

La remoción del poder del alma

La pérdida del poder del alma es como remover la fuerza policial de una ciudad, esa ciudad entrará en decadencia. Es como remover el sistema inmunológico del cuerpo, si eso sucede esa persona es proclive a cualquier enfermedad porque no tiene más la protección en su cuerpo lo que significa que se enfermará por cualquier cosa.

Así es el alma que desobedece se enferma por cualquier cosa que llega a ella porque no tiene **autoridad**.

EL VERDADERO PODER DEL ALMA

Al hablar de los poderes del alma que perdió el hombre del huerto al desobedecer a Dios no me refiero a los que el hombre **natural** de estos tiempos trata de recuperar sin tener pacto con Dios y sin obedecer a sus mandamientos. Hoy en día existen sectores en la tierra que andan tras la búsqueda de poderes para su alma y que son ayudados por fuerzas espirituales de las tinieblas quienes les han concedido cierto poderes que son identificados con ciertos términos.

Poderes tales como:

1. La telequinesia: Que consiste en mover los objetos con la mente.
2. La telepatía: Que consiste en la percepción de un fenómeno ocurriendo fuera de alma de los sentidos, o trasmitir pensamientos a otra persona con la mente.
3. La levitación: Que consiste en flotar y desprenderse de suelo.
4. La clarividencia: Que consiste en la facultad sobrenatural de percibir cosas lejanas o no perceptibles con los sentidos, o de adivinar hechos futuros o lejanos etc.

Los tres poderes existentes:

Original y legítimamente el poder del alma era él más grande después del de Dios. Un tercero se originó ilegalmente por rebelión.

1. El poder divino, en primer lugar.
2. El poder del alma, este era el más grande poder legítimo después del divino.

3. El poder de Satanás que es en rebelión, ilegalmente lo ejerce usando los derechos de la desobediencia.

Durante los días de nuestro Señor Jesús, Él ubicó estos tres poderes en el ambiente por lo que siempre ha existido la posibilidad de gente en busca de la recuperación del poder del alma. El ejemplo está en un pasaje donde se debatía con qué poder Jesús expulsaba los demonios.

¹⁴ Jesús estaba echando fuera un demonio que era mudo. Y aconteció que, cuando salió el demonio, el mudo habló. Las muchedumbres se asombraron, ₁₅ pero algunos de ellos dijeron: --Por Beelzebul, el príncipe de los demonios, echa fuera a los demonios. ¹⁶ Otros, para probarle, pedían de él una señal del cielo. ¹⁷ Pero como conocía los razonamientos de ellos, les dijo: --Todo reino dividido contra sí mismo está arruinado, y cae casa sobre casa. ¹⁸ Y si Satanás está dividido contra sí mismo, ¿cómo permanecerá en pie su reino? Pues decís que por Beelzebul yo echo fuera los demonios. Lucas 11:14-18

Jesús está diciendo que Satanás no se puede expulsar por sí mismo porque eso significa que su reino está dividido y su poder en entredicho. Jesús les dijo, Yo los expulso por el poder de Dios. ¿Pero vuestros hijos por quien lo hacen?

¹⁹ Y si yo echo fuera los demonios por Beelzebul, ¿por quién los echan fuera vuestros hijos? Por tanto, ellos serán vuestros jueces. ²⁰ Pero si por el dedo de Dios yo echo fuera los demonios, ciertamente ha llegado a vosotros el reino de Dios. Lucas 11:19-20

Los tres poderes existentes en los días de Jesús:

1. Jesús habló del poder de Satanás, no está dividido.
2. Jesús habló de su poder para combatir a los demonios.
3. Jesús habló de otro poder con que los hijos los expulsan y éste es el del alma.

LOS PODERES ALMÁTICOS

Fuera de Dios son solo poderes almáticos que fueron prohibidos por Él en sus mandamientos.

[10] No sea hallado en ti quien haga pasar por fuego a su hijo o a su hija, ni quien sea mago, ni exorcista, ni adivino, ni hechicero, [11] ni encantador, ni quien pregunte a los espíritus, ni espiritista, ni quien consulte a los muertos. Deuteronomio *18:10-11*

El verdadero poder del alma es el de la obediencia, el cual resulta en recibir la sustancia de los mandamientos (Bendiciones y respaldo).

Recordando:

1. El Espíritu de Dios da el mandamiento al espíritu humano.
2. El espíritu humano ORDENA al alma.
3. El alma OBEDECE al espíritu y a la vez le informa al cuerpo de la voluntad de Dios. (Solo puede ordenar el que recibe órdenes)

LAS DOS COSAS QUE TRATAN CON EL ALMA

Cuando el alma sufrió el trato de la desobediencia, dos cosas fueron removidas, El poder y la autoridad, que son diferentes.

Poder es *Dunamis* #1411 en Griego y este es el poder para hacer cualquier cosa.

Autoridad es *Exousia* #1849 en Griego y esto es la autorización o el derecho de hacer cualquier cosa, es decir, el derecho de ejercer el poder.

1. En la desobediencia se pierde el poder del alma. (*Dunamis* y *Exousia*)
2. En la obediencia Dios despliega la bendición (*Deuteronomio. 28:1-14*)

La mentalidad del obediente:

El que decide vivir en obediencia al mandamiento de Dios, está estableciendo una mentalidad de **honor**, la mentalidad del obediente es **honorable**. La obediencia es la naturaleza más alta de la mentalidad. Es importante comprender que el obediente denota una **condición** mental de manera que eso indica también la **posición** espiritual que tiene.

LAS POSICIÓN ESPIRITUAL

Condición mental = Posición espiritual; porque cuando se decide obedecer se te restaura la posición espiritual. Esto es así porque la obediencia es **demandada** al alma, es una condición del alma (mente) es decisión de ella. Es una decisión de establecer una mentalidad de obediencia hacia Dios. La obediencia no tiene nada que ver con la opinión propia.

Obediencia y el Honor:

1. Honor #8597 *Tiph'arah*: belleza, esplendor, gloria, rango, renombre.
2. Honorable #3513 *Kabad*: pesado, de peso, rico (no necesariamente en dólares pero sí en valores), glorioso, abundante.

Ambas palabras utilizan 2 de las 12 formas en el hebreo para referirse a gloria. Una persona obediente es honorable, lo que significa que no es una persona corriente. Es una persona rica de valores y por eso es gloriosa.

Una persona honorable es la que expresa el más alto pensamiento de un adorador, el cual es la obediencia.

El mover de Dios

Por otro lado, una persona que no obedece no es honorable y expresa la manera que Dios se mueve hacia él. En todo desobediente no hay honor, por lo tanto Dios obra con él de la misma manera, es decir, sin darle honor o considerarlo honorable.

Por tanto, el SEÑOR, Dios de Israel, declara: "Ciertamente yo había dicho que tu casa y la casa de tu padre andarían delante de mí para siempre"; pero ahora el

SEÑOR declara: "Lejos esté esto de mí, porque yo honrare a los que me honran, y los que me menosprecian serán tenidos en poco. ᴸᴮᴬ *1 Samuel 2:30*

Un obediente a los mandamientos de Dios es una persona con mente honorable y Dios establece que será honrado por Él.

LA MENTALIDAD MILITAR

¿Por qué he titulado este tema como "La mentalidad militar"?, Porque un verdadero militar conoce el significado del honor.

[3] *Sufre penalidades conmigo, como buen soldado de Cristo Jesús.* [4] *Ningún soldado en servicio activo se enreda en los negocios de la vida diaria, a fin de poder agradar al que lo reclutó como soldado. 2ª. Timoteo 2:3-4*

No se puede ser un verdadero militar sino se establece una mentalidad de honor y si no se tiene una mentalidad de honor no se tiene una mentalidad de militar. No tiene ese **poder**.

La mentalidad militar y el honor:

1- Honor no es amar a alguien solamente.
2- Honor no es darle la mano a alguien.
3- Honor no es darle un regalo el día de su cumpleaños (Claro que son buenas expresiones de amor) pero eso no es honor.
4- Honor es un estado de la mente.
5- Honor es el establecimiento mental que una persona hace.

6- Honor es la forma en la que una persona piensa, habla y actúa.

Honor solo está en la mente de una persona que obedece jerarquías. Solo así se puede tener una mentalidad de poder es decir militar. Si se es un militar y no obedece lo que se le ordena no tiene también el poder para dar órdenes a otros.

El terreno del mandamiento:

Entrar al terreno del mandamiento es entrar al terreno militar.

Solamente sé fuerte y muy valiente; cuídate de cumplir toda la ley que Moisés mi siervo te mandó; no te desvíes de ella ni a la derecha ni a la izquierda, para que tengas éxito dondequiera que vayas. Josué 1:7

[9] ¿No te lo he ordenado yo? ¡Sé fuerte y valiente! No temas ni te acobardes, porque el SEÑOR tu Dios estará contigo dondequiera que vayas. [10] Entonces Josué dio órdenes a los oficiales del pueblo, diciendo: [11] Pasad por medio del campamento y ordenad al pueblo, diciendo: "Preparad provisiones para vosotros, porque dentro de tres días cruzaréis el Jordán para entrar a poseer la tierra que el SEÑOR vuestro Dios os da en posesión." Josué 1:9-11

Cuando Dios da el mandamiento té está diciendo entra al terreno militar, lo que requiere entrar con mente militar. Entrar al terreno del mandamiento requiere entender el principio del honor que significa obedecer. Un militar es uno que obedece la **orden** que recibe porque entiende del **honor** que debe de darle al que le ordena.

Yo estoy acostumbrado a dar órdenes y a obedecerlas. Cuando le digo a uno de mis soldados: "¡Ve!", me obedece y va. Si le digo a otro: "¡Ven!", me obedece y viene. Y si le digo a uno de mis sirvientes: "¡Haz esto!", lo hace". ᴮᴸˢ
Lucas 7:8

Un militar no discute el mandamiento solo lo cumple. Cuando Dios da el mandamiento lo hace en carácter militar, es decir, espera que se obedezca.

LA MENTE CARENTE DE HONOR

Se requiere de honor para tener poder militar. El honor solo está en la mente de uno que no es necio o **tonto**.

Ni nieve en verano, ni lluvia en la cosecha: tampoco convienen honores a un tonto. ᴮᴸᴬᵀ *Proverbios 26:1*

Ni la nieve es para el verano, ni la lluvia para la cosecha, ni los honores para el necio. ᴺⱽᴵ *Proverbios 26:1*

Los mandamientos:

Los mandamientos son de carácter militar y el que lo cumple tiene una mente de militar = Honor. En otras palabras, en el territorio de un tonto no existe el honor, no existe la obediencia, porque no le da importancia al mandamiento. Por eso nunca obtiene la sustancia del mandamiento, ni alcanza las bendiciones de la obediencia.

¿Qué soldado presta servicio militar pagándose sus propios

gastos? ^{NVI} *1 Corintios 9:7*

¿Quién fue jamás soldado a sus propias expensas? ^{R60} *1 Corintios 9:7*

Los problemas se resuelven con el principio de la obediencia.

Cualquier problema que ha venido a nuestra vida, solo se resolverá **recuperando** la obediencia. Problemas familiares, económicos, emocionales, de salud física, espirituales etc. Casi todos los problemas, las derrotas y los fracasos que se experimentan en la vida vienen por la desobediencia, pero todos pueden desaparecer cuando la persona decide recuperar la **obediencia**. Cuando esta es recuperada, retornará la autoridad para resolver los problemas no importa cuál sea la naturaleza de los mismos.

"Y sucederá que si escuchas diligentemente la voz de Jehovah tu Dios, procurando poner por obra todos sus mandamientos que yo te mando hoy, también Jehovah tu Dios te enaltecerá sobre todas las naciones de la tierra. 2 Cuando obedezcas la voz de Jehovah tu Dios, vendrán sobre ti todas estas bendiciones, y te alcanzarán. ^{RVA} *Deuteronomio 28:1*

A continuación veremos algunos ejemplos de problemas que existen dentro del pueblo de Dios y que se resuelven con la autoridad la cual viene por la mentalidad de la obediencia:

Sanidad para el cuerpo: "Entendiendo la obediencia"

El centurión conocía el principio de la autoridad porque tenía mentalidad de militar, es decir, que obedeciendo se consigue la sustancia del mandamiento:

⁸ Pues yo también soy hombre puesto bajo autoridad, y tengo soldados bajo mis órdenes; y digo a éste: "Ve", y va; y a otro: "Ven", y viene; y a mi siervo: "Haz esto", y lo hace. ⁹ Al oír esto, Jesús se maravilló de él, y volviéndose, dijo a la multitud que le seguía: Os digo que ni aun en Israel he hallado una fe tan grande. ¹⁰ Y cuando los que habían sido enviados regresaron a la casa, encontraron sano al siervo. Lucas 7:8-10

En la obediencia, El Señor puede sanarte de todas las enfermedades que trae la **desobediencia**.

²⁷ "Jehová te afligirá con úlceras de Egipto, con tumores, con sarna y con comezón, de los que no puedas ser sanado. ²⁸ "Jehová te afligirá con locura, con ceguera y con confusión de la mente. ²⁹ Palparás al mediodía, como palpa el ciego en la oscuridad, y no tendrás éxito en tus caminos. Todos los días serás oprimido y robado, sin que haya quien te libre. Deuteronomio 28:27-29

Al recuperar la **obediencia** se recupera la sustancia que tiene el mandamiento, se recupera la autoridad para vencer las enfermedades.

Liberación de demonios: "Entendiendo la obediencia"

Ni el reino de Satanás puede vencer el poder de la obediencia, de manera que, al recuperarla el creyente es liberado del tormento y de las ataduras de espíritus y demonios.

¹⁹ Porque la noticia de vuestra obediencia se ha extendido a todos; por tanto, me regocijo por vosotros, pero quiero que seáis sabios para lo bueno e inocentes para lo malo. ²⁰ Y el Dios de paz aplastará pronto a Satanás debajo de vuestros pies. La gracia de nuestro Señor Jesucristo sea con vosotros. Romanos 16:19-20

Dios te bendice con la sustancia del mandamiento, ejemplo: Nadie te podrá hacer frente (Josué 1)

Destrucción de la pobreza: "Entendiendo la obediencia"

La pobreza como maldición o consecuencia de la desobediencia se disipa cuando se recupera la obediencia.

¹ Y sucederá que si obedeces diligentemente al SEÑOR tu Dios, cuidando de cumplir todos sus mandamientos que yo te mando hoy, el SEÑOR tu Dios te pondrá en alto sobre todas las naciones de la tierra. ² Y todas estas bendiciones vendrán sobre ti y te alcanzarán, si obedeces al SEÑOR tu Dios. Deuteronomio 28:1-2

¹¹ Y el SEÑOR te hará abundar en bienes, en el fruto de tu vientre, en el fruto de tu ganado y en el producto de tu suelo, en la tierra que el SEÑOR juró a tus padres que te daría. ¹² Abrirá el SEÑOR para ti su buen tesoro, los cielos, para dar lluvia a tu tierra a su tiempo y para bendecir toda la obra de tu mano; y tú prestarás a muchas naciones, pero no tomarás prestado. En la obediencia Dios derramará bendiciones sobre tu vida para hacer desaparecer la pobreza. Deuteronomio 28:11-12

Dios se encargará de todo lo que se vuelve tu enemigo: "Entendiendo la obediencia"

Al recuperar la obediencia, el odio de la gente hacia ti será confrontado por el Señor:

Pero si en verdad obedeces su voz y haces todo lo que yo digo, entonces seré enemigo de tus enemigos y adversario de tus adversarios. No serás tú el que peleará sino el Señor al cual has decidido obedecer. Éxodo 23:22

Jehová te guarda en pacto y misericordia: "Entendiendo la obediencia"

Los mandamientos son dados porque hay pacto con Dios y los pactos son para el pueblo de Dios.

¹² Y será que por haber obedecido estos decretos, por guardarlos y ponerlos por obra, Jehovah tu Dios guardará para contigo el pacto y la misericordia que juró a tus padres. ¹³ Él te amará, te bendecirá y te multiplicará. También bendecirá el fruto de tu vientre y el fruto de tu tierra, tu grano y tu vino nuevo y tu aceite, la cría de tus vacas y el incremento de tus ovejas, en la tierra que juró a tus padres que te daría. ¹⁴ Serás más bendecido que todos los pueblos; no habrá hombre ni mujer estéril en medio de ti, ni entre tus animales. ¹⁵ Jehová quitará de ti toda dolencia y todas las terribles enfermedades de Egipto, que tú conoces. No las pondrá sobre ti; más bien, las pondrá sobre todos los que te aborrecen. Deuteronomio 7:12-15

De manera que, la cura y las soluciones a nuestros problemas se encuentran en recuperar la mentalidad militar la cual significa mentalidad de obediencia a los mandamientos de Dios.

CAPÍTULO 4

LA RECONCILIACIÓN CON LA MENTALIDAD DE OBEDIENCIA

Considerando *Deuteronomio 28:1-14* puedo decir que la obediencia nos coloca en una posición superior, mejor o más alta a la que tenemos, te ponen por cabeza y no por cola, te ponen arriba y no abajo. En la obediencia hay dignidad, que es un realce es una excelencia de la mentalidad del obediente.

Lo aprendido de la obediencia:

Muchas cosas hemos aprendido de la obediencia durante los anteriores capítulos. En lo personal, han revolucionado todo mi ser llevándome a establecer cada día en mi mente el pensamiento de la obediencia. Recordemos que la obediencia no viene porque oramos a Dios para ser obedientes o recibir la obediencia como si fuera un **don**. Cristo vino a la tierra y vino a aprender obediencia, esto es impactante porque significa que Él no traía obediencia como algo a que aferrarse sino que la aprendió para darnos ejemplo y llevarnos a la búsqueda y recuperación de la obediencia.

Aunque era Hijo, aprendió la obediencia por lo que padeció. Hebreos 5:8

LA OBEDIENCIA ES UNA DECISIÓN PERSONAL

Es un **establecimiento** mental que se consigue solo cuando se renueva la mente y como primer paso se **recupera** la obediencia. Es un asunto personal y mental donde cada uno de nosotros debe decidir.

6 Esfuérzate y sé valiente, porque tú harás que este pueblo tome posesión de la tierra que juré a sus padres que les daría. ⁷ Solamente esfuérzate y sé muy valiente, para cuidar de cumplir toda la ley que mi siervo Moisés te mandó. No te apartes de ella ni a la derecha ni a la izquierda, para que tengas éxito en todo lo que emprendas. ⁸ Nunca se aparte de tu boca este libro de la Ley; más bien, medita en él de día y de noche, para que guardes y cumplas todo lo que está escrito en él. Así tendrás éxito, y todo te saldrá bien. ⁹ ¿No te he mandado que te esfuerces y seas valiente? No temas ni desmayes, porque Jehovah tu Dios estará contigo dondequiera que vayas. ¹⁰ Entonces Josué mando a los oficiales del pueblo, diciendo: ¹¹ --Pasad por en medio del campamento y mandad al pueblo diciendo: "Preparaos alimentos, porque dentro de tres días cruzaréis el Jordán para entrar a tomar posesión de la tierra que Jehovah vuestro Dios os da para que la poseáis. Josué 1:6-11

EL CARÁCTER DE DIOS CUANDO DA UN MANDAMIENTO

Cuando Dios habló los mandamientos lo hizo en **carácter** militar y para obedecerlo se necesita tener una mentalidad similar. Entrar al terreno del mandamiento es entrar al terreno militar y solo la mentalidad militar entiende el significado del **honor** porque aprende a obedecer la orden sin discutirla.

Yo estoy acostumbrado a dar órdenes y a obedecerlas. Cuando le digo a uno de mis soldados: "¡Ve!", me obedece y va. Si le digo a otro: "¡Ven!", me obedece y viene. Y si le digo a uno de mis sirvientes: "¡Haz esto!", lo hace". ᴮᴸˢ *Lucas 7:8*

✓ El centurión conocía el principio de la

52

obediencia y de la autoridad porque a él le obedecían sus órdenes a la manera que él obedecía a sus superiores.

La Terminología Militar:

Entrar al terreno del mandamiento es entrar al terreno militar y al lenguaje o la terminología divina.

1- La palabra **mandamiento** le pertenece a gente militar.

2- La palabra **espada** pertenece a gente de un ejército que hace la guerra espiritual.

3- La palabra **honor** pertenece a gente que tiene mentalidad militar.

4- La palabra **obedecer** pertenece a la gente que entiende el principio de autoridad.

5- La palabra **sé valiente** pertenece a la gente llamada a conquistar.

6- La palabra **permanecer** pertenece a la gente que no se da por vencido en las batallas.

7- La palabra **conquistar** pertenece a la gente militar que agrada a Dios.

8- La palabra **recompensa** o **bendición** pertenece a la gente que tiene mentalidad de obediente.

Toda esta terminología está íntimamente asociada al **mandamiento** y pertenece a la gente que entra al territorio del mismo el cual es militar.

Las dos cara de la obediencia:

Existen dos clases de obediencia, la primera es incompleta porque está desconectada del poder del espíritu humano y tiene consecuencias mientras que la segunda está conectada al espíritu, es decir, en armonía.

Hay una obediencia por ser esclavo o reo, es decir, donde la persona es obligada a someterse a la fuerza.

✓ Es una obediencia por descalificación.
✓ Es una obediencia forzada, por castigo.

¿No sabéis que cuando os presentáis a alguno como esclavos para obedecerle, sois esclavos de aquel a quien obedecéis, ya sea del pecado para muerte, o de la obediencia para justicia? ᴸᴮᴬ *Romanos 6:16*

También hay obediencia por estar bajo autoridad, porque comprendes el principio de la **honra**.

✓ No es una obediencia ciega, sino por honor, es voluntaria.
✓ Obedeces por que deseas honrar al que da el mandamiento.

Y el pueblo respondió a Josué: Al SEÑOR nuestro Dios serviremos y su voz obedeceremos. ᴸᴮᴬ *Josué 24:24*
¿Por qué es tan importante entender desde donde se ejerce la obediencia y a quien se le demanda?

El Papel del Alma

El instrumento por el cual el espíritu humano funciona es el alma de manera que eso determinara la vida del creyente.

1- Si el alma funciona en obediencia al espíritu su vida será llena de bendiciones. (*Deuteronomio 28:1-14*)

2- Si el alma funciona en desobediencia al espíritu su vida estará llena de muchas consecuencias negativas. (*Deuteronomio 28:15-68*)

Del alma proceden los efectos que determinan la vida pero de la profundidad del espíritu humano vienen los mandamientos de Dios. Y los mandamientos que tiene el espíritu humano salen de la boca de Dios y por eso Cristo vino a **vivificar** nuestro espíritu.

Así también está escrito: Fue hecho el primer hombre Adán alma viviente; el postrer Adán, espíritu vivificante. [R60] *1 Corintios 15:45*

Cristo vino a recuperar nuestras almas, vivificando nuestro espíritu de manera que debe de darse una reconciliación entre ambos elementos y por eso he titulado este tema "La reconciliación con la mentalidad de la obediencia.

El papel del alma y del espíritu:

La división personal de un hombre se debe a las funciones desarmonizadas de los 3 elementos del que está compuesto. Algunos al no entender esas funciones dan lugar a ser gobernados por sus emociones, sentimientos, dolores. Dando lugar a lo que es llamado doble mentalidad.

1. La función y poder del espíritu humano es como la

profundidad del mar.

2. La función y el poder del alma es como las olas del mar cuando golpean con ímpetu.

La composición del hombre y mujer:

El problema que encuentra Dios en nuestro espíritu es cuando el alma no obedece la orden del espíritu.

Por eso he dicho que la **condición mental** da lugar a la **posición** espiritual.

1. La condición del espíritu.
2. Las maneras del espíritu.
3. La unidad del espíritu.
4. La autoridad sobre entidades.
5. La santificación del espíritu.
6. La esfera del espíritu.

Una persona en desobediencia ignora la posición del espíritu, de manera que lo antes mencionado, es afectado y sufre por que escucha más a las emociones y al dolor de su alma y no a su espíritu el cual es el que recibe del Espíritu de Dios.

La composición:

1. El hombre y la mujer tienen espíritu.
   ✓ El espíritu es la orden más alta dentro del hombre y la mujer.
   ✓ Es el conducto de los mandamientos de Dios, es donde Él habla lo profundo.

2. El hombre y la mujer tienen cuerpo.
   ✓ El cuerpo es el más inferior elemento del

hombre y la mujer.
- ✓ Porque está cercano a lo animal.

3. El hombre y la mujer tienen alma.
   - ✓ El alma es la parte neutral e intermedia que funciona en ambas dimensiones, en lo espiritual y lo físico.
   - ✓ El alma debe de combinar y traer de la esfera espiritual a la esfera de lo terrenal la manifestación de Dios.
   - ✓ El alma es como el comunicador, el mediador entre
   - ✓ ambos elementos y esferas.

El problema es cuando se desconecta de la influencia del espíritu y viene a ser dominado por la esfera de la carne, de lo físico y de lo animal.

EL ESTATUTO ACTUAL DEL ALMA

Dependiendo cual es el estado que existe actualmente entre el alma y el espíritu humano, así se determinara si la obediencia es realidad en el creyente.

- ✓ La palabra alma es femenina y la palabra espíritu es masculino.

Cuando el alma no obedece:

Mandamientos, orden, ordenanza, mandato es porque está divorciada del espíritu.

- ✓ Cuando el alma no está alineada con el espíritu todo está deformado.

✓ La interrupción de la armonía entre el alma y el espíritu se dio en la **desobediencia**.

Cuando el alma obedece:

Mandamientos, orden, ordenanza, mandato es porque el alma y el espíritu están unidos como en matrimonio.

✓ Obedecer es volver a **reconocer** esa armonía, que el alma vuelva a su condición **original**, se someta al espíritu y obedezca las ordenes.

Porque la palabra de Dios es viva y eficaz, y más cortante que cualquier espada de dos filos; penetra hasta la división del alma y del espíritu, de las coyunturas y los tuétanos, y es poderosa para discernir los pensamientos y las intenciones del corazón. Dios llegará hasta el divorcio igual a la división del alma y el espíritu para reconciliarlos y se vuelva la armonía, cuando eso pase entonces surge la generación con mentalidad de obediencia. Hebreos 4:12

La diferencia entre el alma y el espíritu:

Esta consiste en las dos clases de conocimiento:

1. El conocimiento mental / Conocimiento propio o personal.
2. El conocimiento espiritual / Conocimiento de Dios.

El lenguaje del espíritu es diferente al del alma, es como leer la Biblia y encontrar **parábolas** las cuales, dijo Jesús, eran misterios El lenguaje del espíritu es como ilustraciones que solo se pueden describir como ejemplos de cosas que se asemejan a la esfera espiritual. El secreto de la obediencia del alma está en el matrimonio de ambos elementos y en la armonía de ambos conocimientos.

LA GENERACIÓN CON MENTALIDAD DE OBEDIENCIA

Josué tipifica una generación con mentalidad diferente a la del desierto. Él entró al terreno del mandamiento con mentalidad de militar. Había aprendido a **honrar** las ordenes de Moisés y eso lo llevó a desarrollar una mente de **militar**.

1- La mentalidad de la generación de Josué **no** era solamente de cuidar lo que tenía o de mantener algo.

2- La generación de Josué **sí** tenía la mentalidad de **poseer** más y más.

Porque la mentalidad del obediente está basada, además del honor, en poseer todo lo que el **mandamiento** contiene como sustancia.

La mentalidad del obediente:

No se conforma con lo que tiene espiritualmente ni dice que es suficiente sino que sabe que hay más para poseer.

Siendo Josué ya viejo y de edad avanzada, le dijo Jehová: "Tú eres ya viejo y de edad avanzada, y queda todavía muchísima tierra por conquistar. Dios se complace dándole mucha más de lo que ya dio por causa de la obediencia. ^{RVA} Josué 13:1(Honra a los que le honran)

...porque yo honraré a los que me honran, y los que me menosprecian serán tenidos en poco. ^{LBA} *1 Samuel 2:30*

LA TIERRA DE LA ABUNDANCIA

Para Israel la tierra prometida fue territorial, física, para nosotros es multidimensional y son las promesas que nos dio desde antes que nacimos: Bendiciones, herencia, posesiones, sanidad, liberaciones, prosperidad, etc. Tenemos que obedecer para obtener todo lo que no es posible por otros medios y de los cuales somos privados por causa de la desobediencia, porque casi todos nuestros problemas son resueltos en la **obediencia**, es decir, en la recuperación de la obediencia sin importar la condición actual negativa, al decidir obedecer las cosas comenzarán a cambiar favorablemente.

Reconciliando nuestra alma con el espíritu:

1. Necesitamos entender cuál es la esfera del espíritu. *Y con Él nos resucitó, y con Él nos sentó en los lugares celestiales en Cristo Jesús. Efesios 2:6*

2. Necesitamos conocer quiénes son los conductos del espíritu, es decir, quien debe de obedecer a quien. *^{17} Como obedecimos en todo a Moisés, así te obedeceremos a ti, con tal que el SEÑOR tu Dios esté contigo como estuvo con Moisés. ^{18} Cualquiera que se rebele contra tu mandato y no obedezca tus*

palabras en todo lo que le mandes, se le dará muerte; solamente sé fuerte y valiente. Josué 1:17-18

3. ¿Qué es un espíritu de vagabundo, quien lo gesta?: *Cuando cultives el suelo, no te dará más su vigor; vagabundo y errante serás en la tierra.* ^{LBA} *Génesis 4:12*

4. ¿Cuál es el espíritu del mundo? E tc. *En los cuales anduvisteis en otro tiempo, conforme a la corriente de este mundo y al príncipe de la potestad del aire, el espíritu que ahora actúa en los hijos de desobediencia.* ^{RVA} *Efesios 2:2*

CAPÍTULO 5

REMOVIENDO LA DESOBEDIENCIA DE NUESTRA MENTALIDAD

Procederé a explicar un poco acerca del ángulo opuesto de la obediencia el cual es, precisamente, la desobediencia. Después de haber estudiado varios ángulos del poder de la obediencia, creo que lo más peligroso para nuestra vida sería el no darle importancia al tema y no **recuperarla**. Por otro lado, cuando alguien ha decido obedecer a Dios, debe de asegurarse de **remover** todo aquello que era parte o que estaba relacionado con la **desobediencia**. Para mí es tan importante entenderlo y trasmitirlo porque considero muy grave las consecuencias de la **desobediencia** y usted se dará cuenta con esta enseñanza.

Vamos a poder detectar los efectos de la desobediencia en la **mente** e inmediatamente tomar la decisión de remover lo que pueda existir en nuestra vida para luego establecer la **mentalidad del mandamiento**.

Haciendo eso nos despojaremos también de un calificativo que la Biblia tiene para los que practican la desobediencia, de esto escribió el apóstol Pablo y es la base bíblica que usaremos para este tema.

En los cuales anduvisteis en otro tiempo, conforme a la corriente de este mundo y al príncipe de la potestad del aire, el espíritu que ahora actúa en los hijos de desobediencia. ^{RVA} *Efesios 2:2*

El término "hijos de desobediencia" es mencionado por lo menos tres veces por Pablo, en *Efesios 2:2, 5:6* y una vez en *Colosenses 3:6*.

La desobediencia:

La práctica de la desobediencia puede ser considerada un acondicionamiento mental que esclaviza a la persona para no obedecer a los mandamientos del Señor.

El acondicionamiento:

Sometimiento a una condición, limitación, restricción que afecta al desarrollo de un proceso o el comportamiento de una persona o cosa. El acondicionamiento mental es fuerte enemigo del progreso por que no permiten alcanzar el nuevo estado de la obediencia y la única forma de ser libre de ello es **reacondicionado** nuestra manera de pensar. (Renovando)

La obediencia:

La obediencia es un establecimiento mental. Por lo tanto, es una decisión voluntaria que hacemos para poseer la mentalidad de obediencia. Llegar a obedecer los mandamientos de Dios es llegar a **dominar** los verdaderos valores espirituales para la vida.

Por tanto, amo tus mandamientos más que el oro, sí, más que el oro fino. LBA *Salmo 119:127*

Dominar los valores:

Solo puede estar en la gente que piensa diferente, estas personas son las que mantienen una mentalidad de mandamientos, su mentalidad es de honor (de obediencia y militar).

Otra definición de la obediencia:

Es adoración, y esta clase de adoración, es la más alta expresión del pensamiento que existe dentro de los niveles de adoración. Cuando se desarrolla esto significa: Colocar en la mente que serás gobernado por los principios de Dios o mandamientos de Dios en tu vida. Cuando eso sucede tu mente está en el más alto nivel del pensamiento el cual significa la comprensión del principio del **honor**

La tesis y antesis de la obediencia:

1. Un obediente es considerado un hijo con mentalidad de honorable.
1. Un desobediente es considerado una persona que no conoce el terreno del mandamiento y es llamado hijo de la desobediencia. Esto es interesante porque necesariamente nos lleva a investigar cual es el engendramiento que tienen para ser llamados de esa manera.

LOS HIJOS DE LA DESOBEDIENCIA

Son identificados así porque fueron engendrados por alguien que violó el mandamiento de Dios y transmitió a su descendencia la desobediencia.

Porque como por la desobediencia de un solo hombre, muchos fueron constituidos pecadores, así también, por la obediencia de uno, muchos serán constituidos justos. Romanos 5:19

El nacimiento de la desobediencia

Apunta a un lugar y a un tiempo dentro de la historia de la raza humana. La desobediencia de la cual habla

Pablo en el verso anterior es un asunto, un mal de la raza humana que fue transmitida por un humano. ¿Quién gestó la desobediencia? ¿Descendiente de quiénes son? ¿Cómo es que viven? Si su respuesta es Adán, usted respondió bien, pero además de ello veamos qué fue lo que se dio lugar con la desobediencia:

Le preguntó Dios: --¿Quién te dijo que estabas desnudo? ¿Acaso has comido del árbol del que te mandé que no comieses? ^{RVA} *Génesis 3:11*

REVISANDO LA HISTORIA DE LA DESOBEDIENCIA

La primera vez que aparece la palabra mandamiento en la Biblia es en el libro de Génesis.

Y Dios impuso al hombre este mandamiento: "De cualquier árbol del jardín puedes comer... ^{BJ2} *Génesis 2:16*

Y le dio este mandato: "De todos los árboles del paraíso puedes comer... ^{BNC} *Génesis 2:16*

Y le dio esta orden: "Puedes comer de todos los árboles que hay en el jardín... ^{BPD} *Génesis 2:16*

La segunda vez que aparece la palabra mandamiento es en el mismo libro de génesis.

Y Dios le dijo: ¿Quién te ha hecho saber que estabas desnudo? ¿Has comido del árbol del cual te mandé que no comieras? ^{LBA} *Génesis 3:11*

Existen dos palabras que significan mandamientos las cuales son las más usadas para referirse a la idea de dar una orden que se debe de obedecer.

Mandamiento:

1. #6680 *TSAVA* significa: ordenar, constituir, mandamiento, mandar, ordenar.
2. #4687 *MISTVA* significa: mandato, precepto, estatuto, ley, mandamiento. Viene de #6680 *TSAVA*

El mandamiento denota que todo hombre y toda mujer que no están bajo el mandamiento son hombres y mujeres caídos que están en el riesgo de establecer una mentalidad de vagabundo.

LA MENTALIDAD DE VAGABUNDO

La desobediencia da lugar a que se establezca una mentalidad de vagabundo, la cual viene a ser el establecimiento mental por el cual es influenciado para no obedecer los mandamientos de Dios. Pablo dijo que esa mente debía de ser renovada.

Renovad el espíritu de vuestra mente. [BJ3] *Efesios 4:23*

Pero que deben ser hechos nuevos en la fuerza que impulsa su mente. [VNM] *Efesios 4:23*

La fases de la mentalidad del vagabundo:

1) El vagabundo es el resultado de la **desobediencia**.
2) Nace en el síndrome de rechazo y lo establece en su

mente.

3) El celo y la muerte serán más tarde manifestados.

La primera persona que experimentó los efectos de la desobediencia fue el hijo de Adán llamado Caín quien fue el primer llamado "hijo de desobediencia":

Cuando cultives el suelo, no te dará más su vigor; vagabundo y errante serás en la tierra. Génesis 4:12

La desobediencia da lugar a la inestabilidad de una persona en muchas áreas de su vida, por lo tanto tiene una mentalidad de vagabundo.

Las dos formas del estado del vagabundo

Una cosa es el espíritu de vagabundo y otra es la mentalidad de vagabundo. El espíritu de vagabundo viene por pagar mal el bien que te hicieron.

Para el director del coro. Salmo de David. Oh Dios de mi alabanza, no calles. ² Porque contra mí han abierto su boca impía y engañosa; con lengua mentirosa han hablado contra mí. ³ Me han rodeado también con palabras de odio, y sin causa han luchado contra mí. ⁴ En pago de mi amor, obran como mis acusadores, pero yo oro. ⁵ Así me han pagado mal por bien, y odio por mi amor. ⁶ Pon a un impío sobre él, y que un acusador esté a su diestra. ⁷ Cuando sea juzgado, salga culpable, y su oración se convierta en pecado. ⁸ Sean pocos sus días, y que otro tome su cargo; ⁹ sean huérfanos sus hijos, y viuda su mujer; ¹⁰ vaguen errantes sus hijos, y mendiguen, y busquen el sustento lejos de sus hogares en ruinas. ᴸᴮᴬ Salmo 109:1-10

Al que devuelve mal por bien, el mal (maldición) nunca se

apartara de su casa. Proverbios 17:13

No hay cosa más terrible que pagar con mal el bien que otro nos hace, si Caín expresó: "grande es mi castigo para soportarlo", es que de alguna forma sabía lo que le acontece a un vagabundo.

La mentalidad del vagabundo viene como consecuencia de la desobediencia.

---

¹³ Y Caín dijo al SEÑOR: Mi castigo es demasiado grande para soportarlo. ¹⁴ He aquí, me has arrojado hoy de la faz de la tierra, y de tu presencia me esconderé, y seré vagabundo y errante en la tierra; y sucederá que cualquiera que me halle me matará. Génesis 4:13-14

La desobediencia de Adán

La desobediencia de Adán transmitió a su hijo Caín la posibilidad de caer en la mentalidad de vagabundo.

Porque como por la desobediencia de un solo hombre, muchos fueron constituidos pecadores, así también, por la obediencia de uno, muchos serán constituidos justos. RVA Romanos 5:19

Vagabundo significa, por definición:

Sin casa; sin establecimiento, estado de vagabundear, fugitivo, siempre escapando, siempre listo para correr, solitario, siempre en desierto, sin rumbo, sin meta, sin destino. La Biblia dice que van de un lado a otro.

Y vagaban de nación en nación, y de un reino a otro pueblo.

Salmo 105:13

ASTATEO (vagabundo en griego): Estar desarraigado, llevar una vida sin hogar, no tener morada fija, ambulante, trotamundos, errabundo, nómada, callejero, andarín, va de acá para allá. El estado de vagabundo es tener una vida sin hogar (aunque tenga casa para vivir pero nunca tendrás hogar). Un vagabundo no es lo mismo que un **peregrino**.

PAREPIDEMOS (Peregrino en griego): Un adjetivo que significa morando en un lugar extraño, alejado del propio pueblo de uno, se utiliza para referirse a los santos del A.T.

Todos éstos murieron en fe, sin haber recibido las promesas, pero habiéndolas visto y aceptado con gusto desde lejos, confesando que eran extranjeros y peregrinos sobre la tierra. LBA *Hebreos 11:13*

Quiere decir también XENOS: Un extranjero, expatriados; se refiere a los cristianos.

Pedro, apóstol de Jesucristo, a los expatriados, de la dispersión en el Ponto, Galacia, Capadocia, Asia y Bitinia, elegidos. LBA *1 Pedro 1:1*
Este término se utiliza metafóricamente en aquellos cuya patria es el cielo y que son, por lo tanto, peregrinos sobre la tierra.

Los Israelitas en el Desierto

¿Los Israelitas en el desierto fueron peregrinos o

vagabundos? Ellos estaban supuestos a llegar a la tierra prometida en no más de 11 días, lo que significa que estaban supuestos a ser peregrinos, pero su desobediencia dio lugar a la mentalidad de vagabundos y vagaron 40 años en el desierto.

Y se encendió la ira del SEÑOR contra Israel, y los hizo vagar en el desierto por cuarenta años, hasta que fue acabada toda la generación de los que habían hecho mal ante los ojos del SEÑOR. Números 32:13

La mentalidad de vagabundos se estableció en sus vidas como consecuencia de la desobediencia.

Por tanto, esforcémonos por entrar en ese reposo, no sea que alguno caiga siguiendo el mismo ejemplo de desobediencia. Hebreos 4:11

La desobediencia es como un virus que llega al sistema mental y que daña el programa original que Dios tiene para nuestras vidas. Es como una enfermedad que contagia nuestras generaciones y como un espíritu que hace vacilar al hombre y la mujer, por lo tanto, es **urgente** que lo **removamos** de nuestra mentalidad.

La restauración a la obediencia en dos fases:

Para finalizar será necesario entender en qué consisten las dos fases de la restauración de la obediencia. La primera fase es nuestra responsabilidad y ésta es un 100%. En la segunda fase restante el 95% le pertenece a Dios y el 5% restante es nuestro y eso significa entender lo que Dios hará.

Primer paso – Cómo ser libre de la mentalidad de vagabundo:

1. Debes de reconocer aquellas prácticas, es decir los hábitos de vagabundo, sean palabras o actos.
2. Debes de anhelar ser libre, tener un deseo desesperado por remover la mentalidad de vagabundo.
3. Debes de arrepentirte, pedir perdón a Dios y dar lugar al cambio de mentalidad.
4. Debes renunciar, repudiar la mentalidad de vagabundo, abortarla, expulsarla con una declaración de fe, con voz audible y con toda tus fuerzas.
5. Debes de recibir la gracia de Dios, el perdón y la restauración de muchas cosas y darle gracias a Dios.

Segundo paso – Cómo recuperar la mentalidad de obediencia

La recuperación de la obediencia es un proceso que Dios establece donde nos envía y nos reconecta nuevamente a sus mandamientos para que recibamos la **sustancia** de ellos, es decir, las bendiciones. Este proceso está explicado en la Biblia con 6 pasos los cuales necesitamos asimilar de manera responsable.

⁹ Él ha enviado redención a su pueblo, ha ordenado su pacto para siempre; santo y temible es su nombre. ¹⁰ El principio de la sabiduría es el temor del SEÑOR; buen entendimiento tienen todos los que practican sus mandamientos; su alabanza permanece para siempre.

Salmo 111:9-10

LOS PASOS DE LA RECUPERACIÓN

1. La redención enviada.
2. Enviada en un **pacto**, significa que hay que establecerlo, hacer o renovarlo.
3. El hacedor del pacto es el **pueblo** de Dios, integrarnos a su pueblo si hemos estado independientes.
4. Al pueblo de Dios se le da **mandamientos** que debe obedecer, los pactos solo se pueden mantener con mentalidad de honor.
5. Los que obedecen son llenos del **temor** del Señor.
6. Los llenos del temor del Señor establecen el principio de la **sabiduría**.

Conclusión:

En todos los tiempos Dios siempre ha dado la oportunidad para que sus hijos recuperen la obediencia para que no sean llamados hijos de desobediencia, ni rebeldes, ni vagabundos. Antes de que Cristo iniciara su ministerio público envió a Juan el Bautista como un precursor del camino para que hiciera volver a los desobedientes.

*E irá delante de Él en el espíritu y poder de Elías **para hacer volver los corazones de los padres a los hijos**, y a los desobedientes a la actitud de los justos, a fin de preparar para el Señor un pueblo bien dispuesto.* LBA
Lucas 1:17

Antes de la parusía de Señor, Él ha encomendado a sus ministros la revelación para la recuperación de la obediencia, Dios está restaurando la obediencia en su pueblo.

CAPÍTULO 6

EL PODER DE LA OBEDIENCIA

Hablar de la obediencia es hablar de los mandamientos y hablar de los mandamientos es hablar de las bendiciones. La obediencia es el poder del alma que da lugar a que las cosas que Dios estableció sean realidad en nuestra vida. La Biblia dice que todo está en los mandamientos, es decir, que lo que cada uno espera, lo recibe en la obediencia de los mandamientos.

Allí me encontraré contigo, y de sobre el propiciatorio, de entre los dos querubines que están sobre el arca del testimonio, te hablaré acerca de todo lo que he de darte (EN) por mandamiento para los hijos de Israel. Éxodo 25:22

Cuando una persona comienza a experimentar de verdad la bendición de Dios es porque rompió con aquello que lo impedía. La Biblia llama a eso **maldición** la cual solamente Cristo puede romper para dar lugar a las bendiciones de Dios, pero esas bendiciones son activadas con nuestra **obediencia** al mandamiento.

La consecuencia de la desobediencia da lugar al establecimiento de una mentalidad de **vagabundo**. Es un estado mental. Un vagabundo es un creyente que representa a la naturaleza vieja, representa al hombre y mujer que se niegan a oír la voz de Dios, es decir la orden.

OBEDIENCIA Y BENDICIÓN

El poder de la obediencia da lugar al poder de la bendición, ambas cosas hacen en un creyente que su vida sea extraordinaria. Al referirme al tema de las bendiciones del pueblo de Dios, necesariamente debo de mencionar a dos personajes muy importantes: Abraham y el Señor Jesús.

¹³ Cristo nos redimió de la maldición de la ley, habiéndose hecho maldición por nosotros (porque escrito está: **maldito todo el que cuelga de un madero**)*, ¹⁴ a fin de que en Cristo Jesús la bendición de Abraham viniera a los gentiles, para que recibiéramos la promesa del Espíritu mediante la fe. Gálatas 3:13-14*

Los dos ejemplos de la obediencia:

Estos dos hombres son claves en la compresión de la obediencia y sus beneficios.

1. El primer ejemplo es de un hombre que nos muestra la grandeza de la bendición, y la sustancia de las bendiciones.
2. El segundo ejemplo es de otro hombre que nos da el derecho de la recuperación de las bendiciones prometidas al primer ejemplo.

Es decir que el significado verdadero de las bendiciones están conectadas entre estos dos ejemplos que a continuación estudiaremos.

El poder de la obediencia:

El sacrificio de Cristo hace posible que la bendición de Abraham sea obtenida por nosotros. No es una bendición exclusiva para Israel sino también para los que estamos en Cristo, pero esto si obedecemos como Abraham lo hizo para ser el receptor de tan poderosas promesas.

Por la fe Abraham, al ser llamado, obedeció, saliendo ara un lugar que había de recibir como herencia; y salió sin saber adónde iba. Hebreos 11:8

LA OBEDIENCIA Y LA FE

En el verso de Hebreos 11:8 hay tremenda revelación acerca del poder de la obediencia. Fe y Obediencia están dentro de una misma raíz etimológica.

1. **Fe**: Significa tener dentro de sí la certeza de la sustancia de los que se espera (Sustancia de una cosa)
2. **Obediencia**: Significa "Confiar en, armonizar con el trato que Dios nos hace" es decir que si respondo correctamente al mandamiento que Dios me da, yo recibiré, poseeré la sustancia que está dentro del mandamiento. Eso significa que usted y yo recibiremos todo lo que está constituido en el mismo.

Constitución:

Es lo que le da la forma al mandamiento, de lo que está formado, lo que hace que las cosas sean como son o deben de ser, sustancia de una cosa, de lo que está compuesto el mandamiento.

Ejemplo:

1. **El cuerpo humano**: Está constituido de órganos, huesos, tendones, músculos, nervios, piel, líquidos etc.
2. **El pan**: Está constituido de harina, azúcar,

agua, levadura etc.

La constitución es de lo que está compuesto una cosa. Cuando Dios da el mandamiento te da la constitución, te da todo lo que necesitamos con el mandamiento. Nuestro buen Padre celestial nos da el progreso, la prosperidad, la libertad, la sanidad, la salud, la victoria, la protección, y larga vida. Esto es el beneficio del Reino de Dios.

El Reino de Dios:

Opera en mandamientos y los mandamientos fueron para bendecirnos al obedecerlos. El reino de Dios tiene economía, administración y principios invisibles. que no están disponibles para la gente con mentalidad de desobediencia. Las personas que no poseen esa capacidad, no los pueden observar, porque su mente es natural.

Pero el hombre natural no acepta las cosas del Espíritu de Dios, porque para él son necedad; y no las puede entender, porque se disciernen espiritualmente. 1ª. Corintios 2:14

Se necesita una mentalidad espiritual para discernir lo que no es discernible.

La intención de Dios en los mandamientos:

Cuando Dios nos da un mandamiento es porque desea bendecirnos, no nos los da solo para sentirse que es Dios, sino porque quiere que recibas la sustancia del mandamiento lo cual es la bendición. Esas bendiciones son para que no seamos gente de supervivencia común. Nada puede ser común para el de mentalidad de obediencia.

Los que obedecen sinceramente a Jesucristo consideran que todo es bueno. Pero no hay nada bueno para los que no obedecen ni confían en Él, pues sólo piensan cosas malas y no les remuerde la conciencia. ^{BLS} *Tito 1:15*

Para los que son puros, todas las cosas son puras; pero para los impuros e incrédulos nada es puro, pues hasta sus mentes y sus conciencias están corrompidas. ^{RVA} *Tito 1:15*

LO QUE MÁS NECESITA EL PUEBLO DE DIOS

Todas las necesidades del pueblo de Dios **son** suplidas en el mandamiento el cual debemos obedecer para obtener aquellas cosas que son consideradas necesarias en nuestra vida y nos hacen diferentes a los demás, estas necesidades son: Bendición de salud, económica, emocional y espiritual. Hablaremos de estas cuatro cosas que necesitamos recuperar.

Amado, ruego que seas prosperado en todo así como prospera tu alma, y que tengas buena salud. 3ª. Juan 1:2 2

Este tema no es para decir que estás enfermo por desobedecer, sino para decir que la sanidad vendrá en la recuperación de la obediencia. Dicho de otra manera, cuando té enfermas vas al médico quien te receta un medicamento para sanar, lo tomas y te mejoras. El médico no dice que te enfermaste por no tomar la medicina, la cual te da porque encuentra una enfermedad que se disipa con el medicamento que receta. Así es el poder de la obediencia, nos hace recuperar todo aquello en lo que necesitamos sanidad.

Hablemos un poco de salud:

La salud y la sanidad son parte importante de las bendiciones que Dios da a su pueblo en revelación y poder. Esa revelación es el entendimiento que nos da como recompensa a la obediencia.

He aquí que yo les restituiré la salud, los sanaré y les descubriré abundancia de paz y de verdad;" ^{BNC} *Jeremías 33:6*

He aquí, yo le traeré salud y sanidad; los sanaré y les revelaré abundancia de paz y de verdad. ^{LBA} *Jeremías 33:6*

"Sin embargo, les daré salud y los curaré; los sanaré y haré que disfruten de abundante *paz y seguridad. ^{NVI} *Jeremías 33:6*

He aquí que yo les traeré sanidad y medicina; y los curaré, y les revelaré abundancia de paz y de verdad. ^{R60} *Jeremías 33:6*

Las enfermedades:

Una de las enfermedades con las cuales la humanidad tendrá que batallar y que los creyentes tendrán que vencer es el **cáncer**, el cual es un trastorno genético de células que atrofian órganos y se esparcen por el organismo.

Estadísticas en Estados Unidos solamente:

– Cáncer de la piel: 800,000 casos al año y 10,000

mueren.

- Cáncer en los pulmones: 170,000 casos al año y 150, mueren. Este es el mayor porcentaje de muertes y su promedio de vida en 5 años.
- Cáncer en el colon: 138,000 casos al año y 50,000 mueren. Esto es por no comer alimentos que tengan fibra.
- Cáncer en la próstata: 250,000 casos al año y 40,000 mueren.
- Cáncer en el seno: 200,000 casos al año y 45,000 mueren, una de cada 8 mujeres lo desarrolla.
- Cáncer cervical: 100,000 casos al año y 5,000 mueren. Es común en la mujer afro americana.
- Cáncer en la boca: 30,000 casos al año y 8,000 mueren. Esto es detectado por dentistas.
- Cáncer en el estómago: 25,000 casos al año y 15,000 mueren. Es más común en el hombre.
- Cáncer en la sangre (Leucemia): 26,000 casos por año y mueren 20,000. Es 10 veces más en los adultos.
- Cáncer en la vejiga: 50,000 casos al año y 11,000 mueren 11.Cáncer en el hígado: 18,000 casos al año. No hay datos aun del promedio de muertes este se origina por otro cáncer del cuerpo.

Los recursos de Dios contra el cáncer:

Dios ha dejado revelación de dos poderosos elementos contra el cáncer. Los cuales están a nuestro alcance.

✓ El pan y el vino.

✓ La obediencia a los mandamientos representado en las granadas.

El pan y el vino:

El pan y el vino nos habla del pacto de vida eterna y de salud. Él envía la redención en un **pacto**, el cual es para la gente que es pueblo de Dios. Los pactos llevan mandamientos que se deben de obedecer y solo se mantienen con la mentalidad de obediencia que es mentalidad de honor.

23 Porque yo recibí del Señor lo mismo que os he enseñado: que el Señor Jesús, la noche en que fue entregado, tomó pan, 24 y después de dar gracias, lo partió y dijo: Esto es mi cuerpo que es para vosotros; haced esto en memoria de mí. 25 De la misma manera tomó también la copa después de haber cenado, diciendo: Esta copa es el nuevo pacto en mi sangre; haced esto cuantas veces la bebáis en memoria de mí. 26 Porque todas las veces que comáis este pan y bebáis esta copa, la muerte del Señor proclamáis hasta que Él venga. 27 De manera que el que coma el pan o beba la copa del Señor indignamente, será culpable del cuerpo y de la sangre del Señor. 28 Por tanto, examínese cada uno a sí mismo, y entonces coma del pan y beba de la copa. 29 Porque el que come y bebe sin discernir correctamente el cuerpo del Señor, come y bebe juicio para sí. 30 Por esta razón hay muchos débiles y enfermos entre vosotros, y muchos duermen. 1ª. Corintios 11:23-30

LA GENERACIÓN DE OBEDIENCIA

Así como hay una generación llamada "hijos de

desobediencia" los cuales pierden todo, y no obtienen las bendiciones, así hay también una generación llamada, "hijos de la complacencia", es decir, "hijos de obediencia", los cuales sí obtienen todo:

Todos los mandamientos que yo os ordeno hoy, tendréis cuidado de ponerlos por obra, a fin de que viváis y os multipliquéis, y entréis y toméis posesión de la tierra que el SEÑOR juró dar a vuestros padres. 6 Guardarás, pues, los mandamientos del SEÑOR tu Dios, para andar en sus caminos y para temerle. 7 Porque el SEÑOR tu Dios te trae a una tierra buena, a una tierra de corrientes de aguas, de fuentes y manantiales que fluyen por valles y colinas; 8 una tierra de trigo y cebada, de viñas, higueras y granados; una tierra de aceite de oliva y miel; 9 una tierra donde comerás el pan sin escasez, donde nada te faltará; una tierra cuyas piedras son hierro, y de cuyos montes puedes sacar cobre. Esta generación de obediencia viene a ser como una nueva clase de creyente que cambiará la historia de sus generaciones. En esta generación con mentalidad de obediencia no hay lugar para lo común, lo mediocre, la manipulación, porque son gente con la facultad para desarrollar la excelencia con visión. ^{LBA} *Deuteronomio 8:1*

Esta generación de obediencia viene a ser como una nueva clase de creyentes que cambiarán la historia de sus generaciones.

Esta generación con mentalidad de obediencia, no hay lugar para lo común, lo mediocre, la manipulación, porque son gente con la facultad para desarrollar la excelencia con visión.

Biblioteca

De

Guerra Espiritual

Para

Combatientes

De Liberación

EQUIPAMIENTO INTEGRAL PARA COMBATIENTES DE LIBERACION R14

TRANSFERENCIAS ESPIRITUALES

DR. MARIO A. RIVERA & PASTORA LUZ RIVERA

INFLUENCIA - ESPIRITUS INVISIBLES
MANIPULACION - HERENCIAS HORIZONTALES

DR. MARIO H. RIVERA & PASTORA LUZ RIVERA

La
Guerra
Por La
Genetica

La Evolución Adámica

ESCUELA DE
INTERCESORES
PRIMER NIVEL

APOSTOL MARIO H. RIVERA

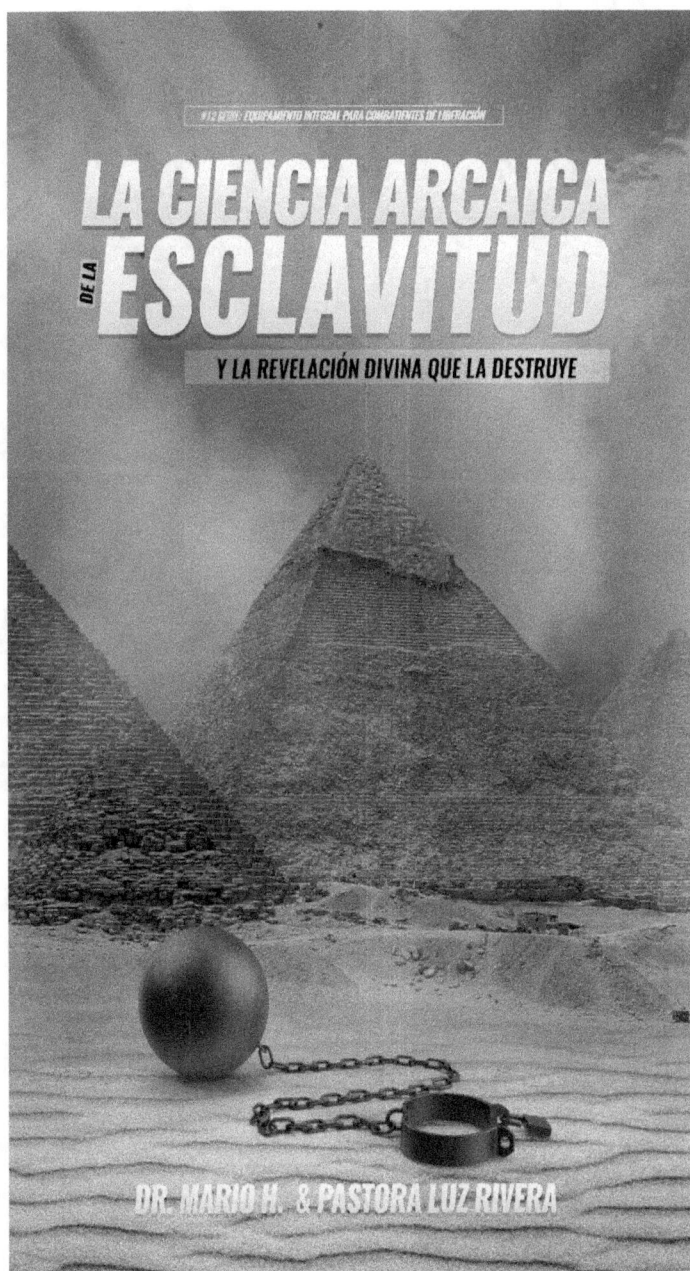

#12 6039: EQUIPAMIENTO INTEGRAL PARA COMBATIENTES DE LIBERACIÓN

LA CIENCIA ARCAICA
DE LA ESCLAVITUD
Y LA REVELACIÓN DIVINA QUE LA DESTRUYE

DR. MARIO H. & PASTORA LUZ RIVERA

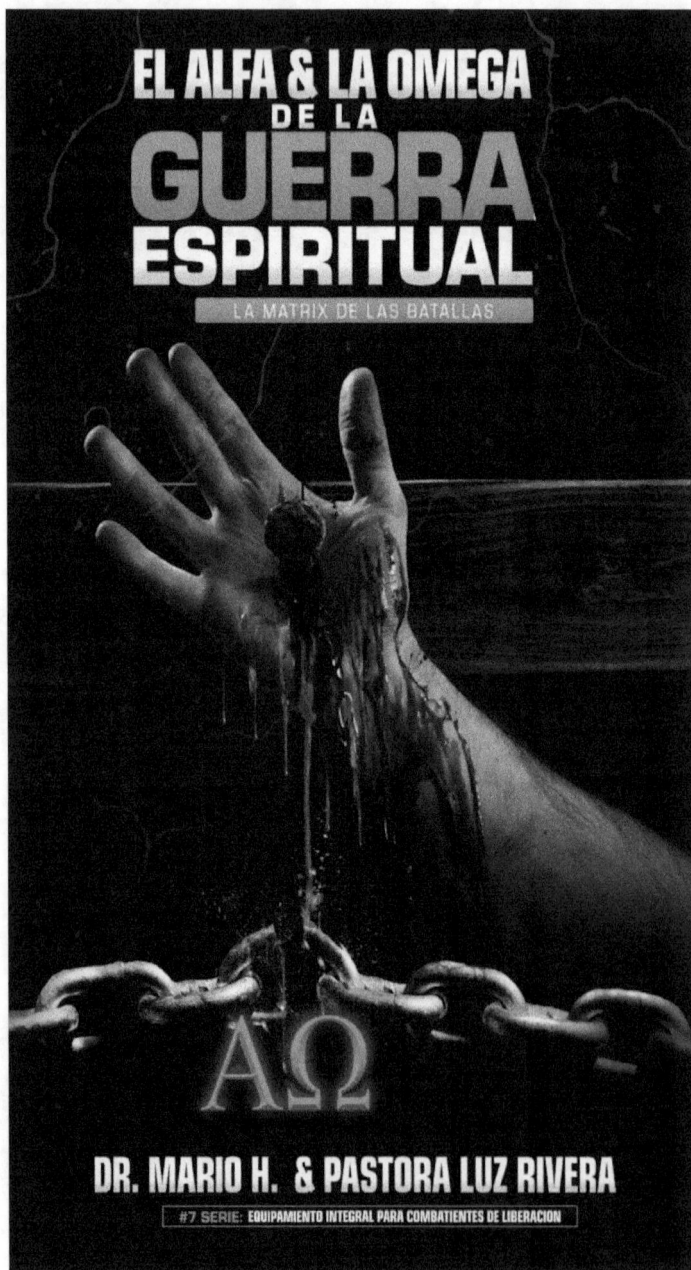

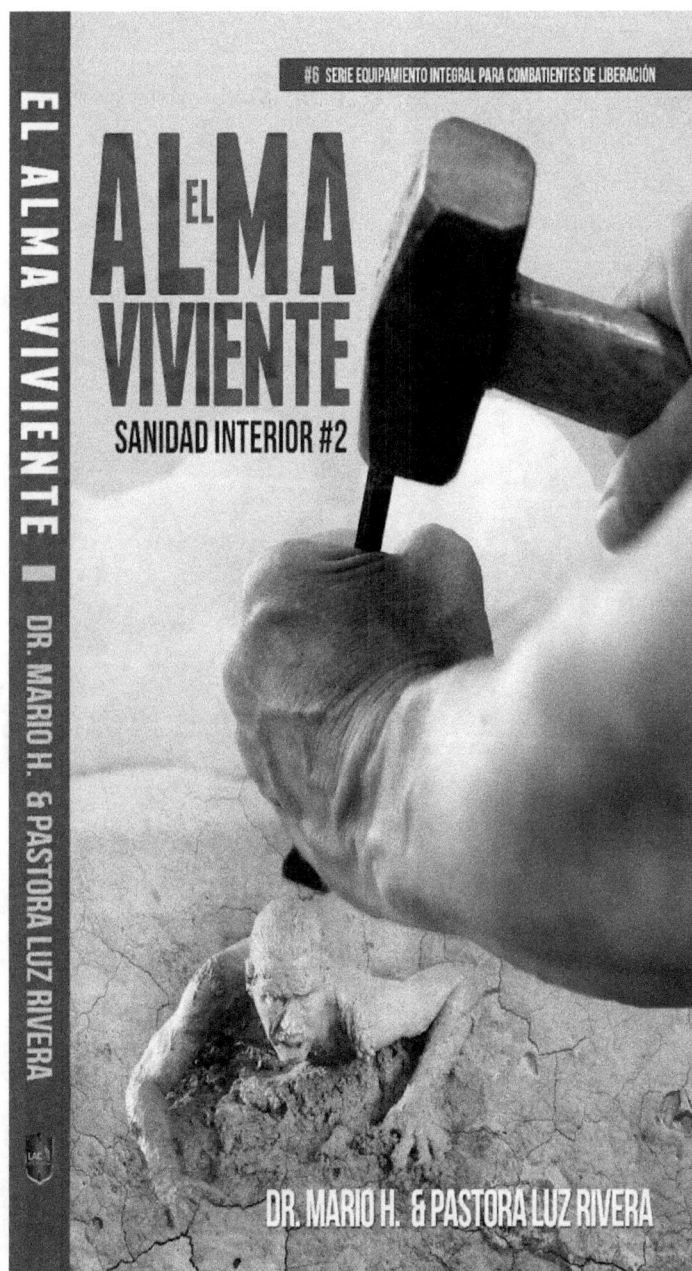

EL ORIGEN DEL

ALMA

SANIDAD INTERIOR #1

#5 SERIE EQUIPAMIENTO INTEGRAL PARA COMBATIENTES DE LIBERACIÓN

DR. MARIO H. RIVERA
PASTORA LUZ RIVERA

LA
LIBERACIÓN INTEGRAL FAMILIAR

LIBRO 2: EDICIÓN MINISTERIAL

SERIE: EQUIPAMIENTO INTEGRAL PARA COMBATIENTES DE LIBERACIÓN

Dr. Mario H. Rivera
Pastora Luz Rivera

LIBRO 1
EDICION MINISTERIAL
LAS HERRAMIENTAS DEL
LIBERTADOR
EQUIPAMIENTO INTEGRAL PARA COMBATIENTES DE LIBERACIÓN
DR. MARIO H. RIVERA
PASTORA LUZ RIVERA

www.ingramcontent.com/pod-product-compliance
Lightning Source LLC
LaVergne TN
LVHW021358080426
835508LV00020B/2337